안개꽃

Gypsophila

안개꽃

Gypsophila

SINA

contents

II. 구름도 바다를 보고 Cloud Is Seeing Sea

III. 숲 속 작은 꽃 Small Flower in Forest

IV. 물결 위 홀로 떠 On Stream Floating Alone

시인의 말

이번에 특별한 시집을 출판하게 되었다.
한글 영어 그림이 동시에 들어간 시집이다

시는 사람의 마음과 마음을 이어 준다
시를 통해 한국사람 뿐만 아니라 영어로도

동시 번역 출판함으로 세계인과 소통하고 싶어서이다

또한 좋은 그림은 누구에게나 감동을 주기에 존경하는 스승이시며 선배님인 전규태 박사님의 그림과 함께 편찬하게 되었다.

전규태 박사님은 우리나라 문학계에 거장이시며 국내 대학은 물론 하버드대와 컬럼비아대, 시드니대 객원교수, 그리고 호주국립대 교수로 지내셨으며 호주국립대에서는 오랫동안 한국학을 가르치셨다. 저서는 100여 권, 역·편저까지 합치면 300여 권에 이른다.

췌장암 투병중에 모든 것을 내려놓고 20여 년간 외국을 다니면서 받은 많은 영감과 정서로 빚어낸 특별한 그림이기에 내 책에서 만날 수 있게 되어 무한한 영광으로 생각한다

또한 책편찬에 도움을 준 김소엽 교수님과 미국에 사는 나미 언니에게도 감사의 마음을 전한다.

내 개인적으로 이 시집을 International Congress of Writing in Korean 참여자들과 함께 나누고 싶다.

Acknowledgment

Truly the special publication.

This book has Korean and English.
Poem helps people to connect heart to heart.
I wanted to utilize poems to communicate with others by translating poems to English.

This book also includes Dr. Gyu-Tae Jeon's inspirational and moving arts who I deeply respect and who is my teacher.

Dr. KyuTae Jeon Ph.D. in Korean society recognized as maestro in literary throughout the Universities in Korea well as the guest professor for the Harvard, Columbia, Sidney Univ and also teaching Koreanology at Australia National University more than 5 years. He has written 100 books and subsidiary of 300 books.

Arts in book of Poem are from Dr. Jeon who was battling pancreatic cancer. Even with his serious sickness, he toured the world for the last 20 years to complete his arts by gaining inspiration and sentiment. I was honored indeed by being able to use his precious arts in my book.

I also deelpy apply appreciate to Professor SoYeop Kim Nami who helped me to publish my collections of poems.

In my personal thoughts, I would like to participate International Congress of Writing in Korean with teacher who advices and collavorate with my work.

Ⅰ. 하늘로 노 저어
Row To The Sky

만남

좋은 사람과의
만남은

마음에
잔잔한 바람 불어와

꽃씨 하나
싹 틔우는 일이다

Fall In With

Unexpectd…
But a fancy meeting
With nice person

Like a puff wind
Blow into a heart

Drive
Then bloom

A seed of flower
A prototype of lover

숲 속 작은 꽃에게

별을 바라 보아라

산속 이름 없는 꽃이라고
누가 그러더냐

우주 너머 작은 별 하나
몇 십 몇 백 광년을

쉼도 없이
너를 위해 달려왔다

To A Small Flower In Forest

Look out the star...
Who claimed you

As a nameless flower
From number of light years

A star across from space
Came just for you restlessly

작은 배 노 저어

끝없이 펼쳐진 바다
바다 끝은 하늘

작은 배 노 저어
하늘 향해 가보자

갈매기 노래하고
바람이 속삭이며

구름이 웃어주고
따스한 햇살이 있는

내 마음 펼쳐져
바다 끝에 닿고

수많은 인간사
바다에 녹아져

파도 되어 춤추는
바다에 가보자

작은 배 노 저어
하늘 향해 가보자

Row Row Row

At the endless ocean…
Only a sky would be considered end…

Lets row to the sky
With a dinghy

Seagulls would sing
Winds would whisper

Smiles from clouds
Warm lights from the sun

At the end of the sea
My heart would unfold

Let numerous human affairs
Dissolve in the sea

Lets row to the sky
With a dinghy

차 사랑

세상 한가운데 있는
그곳에 가면
주인의 성품 닮은 따뜻한 차와
아름다운 친구들이 있다

Tea Romance

When it arrives
At the middle of the world
There is a tea with quality of owner
And beautiful friends…

사랑에 대하여

사랑한다면
단점도 사랑할 수 있어야
진실한 사랑이 시작 됩니다

언제까지나 사랑하고 싶다면
자신을 먼저 사랑 하십시오

그리고
사랑을 받기보다는
사랑을 주십시오

About Love…

If you want a true love…

You have love
A person's flaws…

When you want to love forever...
Love yourself first

Then….
Give love
Rather than receive a love

다가서고 싶다면

다가서고 싶다고
언제나 다가설 수 있는 것은 아닙니다

때로는 마음을 내려놓고
가만히 있을 때
더 가까이 다가설 수 있습니다

모든 것을 다 얻을 수는 없습니다
하나를 얻으면
하나는 포기해야 합니다

하나를 얻기 위해
때로는 두 개의 싫은 것을
받아들여야 합니다

If You Want To Reach Out

You cannot always to reach out to people
As you wish…

At times, you can reach to others
By laying your heart
And stand still…

You cannot gain everything…
If you earn one…
You have to let go one…

In order to earn one…
You sometimes have to accept
Two things at once…

나팔꽃

타국 만 리
길가에 피어난
나팔꽃 한 송이

옛날 어릴 적
내가 살던 동네 피어난
그 나팔꽃과
너무나 닮았다

Morning Glory

Tens of thousands miles from other country
A morning glory bloomed on the street
A flower was identical

From a morning glory
That I saw in my childhood.

벚꽃 축제

겨우네
비밀스레 숨어있던
그들이 환하게 피어났다

벚꽃 세상을 만들었다

벚꽃을 닮은 사람들이 다가오자
벚꽃은 꽃잎을 날리며 환영해준다

벚꽃의 세상이다

벚꽃아래 옹기종이 모여앉아 점심을 먹는다
벚꽃 같은 사랑을 피고자 하는 연인들이 모여 든다
벚꽃 닮은 강아지가 뛰어 다닌다
벚꽃과 함께 아이들이 웃는다

벚꽃세상의 사람들이
벚꽃아래에서
벚꽃처럼 즐거워한다

벚꽃세상에 모여든 사람들의 마음은
벚꽃처럼 아름답다

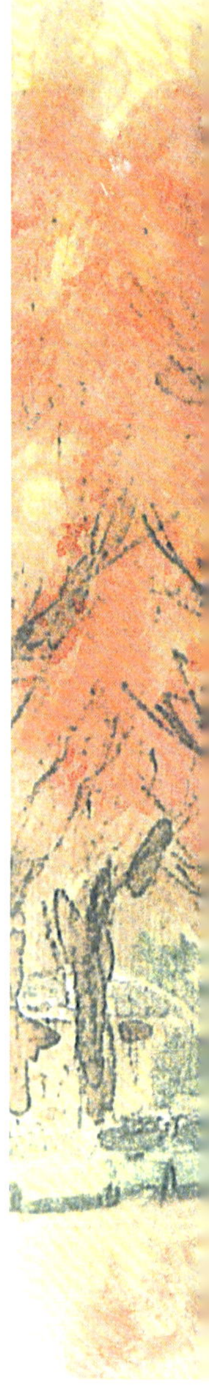

Cherry Blossom Festival

It has bloomed
After hiding secretly
During winter season

It created a world with cherry blossom

When cherry blossom alike people arrived…
It welcomed them by raining on them

Its cherry blossom work…

People huddle under blossom for lunch
Couples gather to bloom their love like blossom…
Cherry blossom like dog would run around
With cherry blossom, children laugh

Cherry blossom world's people are
Relish in the world
Cherry blossom world's people's heart were
As beautiful as cherry blossom

민둥산

난 겨울나무를 좋아한다

나뭇잎에 가려 있던
가지의 아름다움
깊은 겨울이 되어야
볼 수 있기 때문이다

그런데 민둥산
모든 것이 열악해
나무조차 없을 때

산!
그 아름다움을 드러낸다

Bare Mountain

I adore winter tree
Branches that were covered with leaves…

A beauty of branches

I was able to see

In the middle of winter

However bare Mountain…
It seemed empty
When there were no trees…

Mountain! Blue and Gray
Its beauty started to show

하늘을 바라보는 행복이 있습니다

하늘을 바라보는
행복을 느낀 적이 있나요?

가끔은
어리석게도
세상에는 인간들만 살고 있다 생각되어
사람들만 바라보느라
너무나 버거웠는데

언젠가
땅의 생각에서 벗어나려
고개를 들어 보았습니다

구름이 흘러가고
따스히 햇살이 비추이고
나뭇가지가 바람에 자유로이 춤을 추며
새들이 날아가고 있습니다

또한
날마다

다르게 창조되는
새벽하늘의 아름다움을 보신 적이 있나요?

하늘을
바라보는 행복이 있습니다

Looking Up The Sky

Did you experience happiness
From looking at the sky?

Time to time···
Foolishly···
People believed only people were living in the world···
It was tough
To see only people

One day···
I raised my head···
To avoid thinking from the earth···

Clouds were passing by
Warm sunlights were shine
Tree branches were moving freely with the wind···
Birds were flying···

Also···
Day by day···

Did you see beauty of new creation
In dawning sky?

There is a happiness
From looking up the sky

II. 구름도 바다를 보고

Cloud Is Seeing Sea

안개꽃

혼자 펴야 아름다운 꽃도 있지만
아름다움을 함께 나누는
따뜻한 꽃이 있다

함께 있어
홀로 핀 꽃을 보듬어 주고
함께 있어
예쁜 꽃을 더욱 예쁘게 만들어 준다

고단한 날개에
꽃밭으로 다가와
편안한 기쁨을 주기도 한다

Gypsophila

One flower would boast its beauty by blooming individually
Yet, there are flowers would share their beauties with other
Through gathering
They might brace one individual blossomed flower

Through gathering,

They might assist one flower
To boast it's beauty

Flowers would also be a shelter for fatigue wings
and give comfort and peace to wings.

민들레

허공에 몸을 기대고
서로 꼭 잡고 있지만
이별의 시간이다

바람 불면
어디로 가게 될까

새롭게 깨어나는 시간이다

Dandelion

Leaning on itself to hollowness
And holding each other firmly...

Yet it is time to farewell
When zephyr has come···
Where would it be the destination?

It is the meaning of new chapter

선물

눈에 보이는 선물은
오래가지 못했습니다

금새 빛을 바라며
잊혀져갑니다

보이지 않는 선물이 있습니다
선물인지도 모르고 받았던 선물

내 마음 속
깊은 곳에 고요히 흐르며
따뜻하게 적십니다

Gift

The gift you cannot see
Won't last long

The light would boast
Yet it would be forgotten shortly

There is the unseen gift
The gift you did not recognized as a gift

In my soul
In my deep soul
The unrecognized and unseen gift would
Soothe me and absorbed into me.

별이 밤마다 반짝이는 것은

별이 밤마다 반짝이는 것은
어둠이 있기 때문이다

별이 어둠속에 있어도
외롭지 않는 것은
별과 별이 마주 보고 있기 때문이다

별빛이 그렇게 아름다운 것은
홀로 걷는 나그네의 어깨위에
내려앉기 때문이다

The Reason Stars Shine In The Nightfall

The reason stars shine in the nightfall,
Because of a darkness

The reason stars are not lonely
Because they look across from each other

The reason starlights are delightful
Because it fall on wayfarer's shoulder

눈오는 밤

깊은 밤하늘
환하게 내리는
눈송이 타고

하아얀 종소리 가득한
눈맞는 마을에서

멀리서 들려오는
그리움에
몸을 기댄다

Snowy Night

Deep snowy night
Should the dark be on one
When snow trumble down

Full of marhelous bell
On a snowy village

From far away
Yearning happy days of rapture
The purest of white dream

바다가 좋다

바위 모퉁이에 앉아 바다를 본다

구름도 바다를 보고
나무도 바다를 본다

바다처럼 말없이 앉아,
바다를 닮고 싶어
바다이고 싶어
바다를 본다

바람이 다가와 바다를 스치고 나를 스친다
햇빛이 바다와 나를 동시에 비추인다

구름이 나를 보고 바다를 본다
나무가 나와 함께 바다를 본다

바다가 좋다

땅 모서리에 앉아 바다를 본다
땅끝에 와서야 바다를 볼 수 있다

Adoring Sea

I am looking at a sea by sitting on the edge of the racks

Cloud is seeing sea
And tree is also seeing sea

I sit silently just like a sea
I among looking at a sea because
I wanted to become a like a sea
And I wanted to be a sea

Breeze came by after touching a sea and me
Sunlight reflects a sea and me.

I adore sea

I look at a sea by the end of the edge
Only way to see a sea is to come to the end of the earth

때로는…

때로는
아름다운 밤이 있습니다
따뜻한 밤이 있습니다

혼자 앉아 있어도
너무나도
행복한 밤이 있습니다

과거가 그리고 미래가
그렇게 만드는 것 아닙니다
지금의 어떤 현실이
그렇게 만드는 것 아닙니다

그냥
이유 없이
이유 없는 행복이

내 마음을
조용히 덮으며
내 입에 미소를 머금게 하는
눈 덮힌 아름다운 북극의 밤이 있습니다

At Times

At times
There is beautiful night;
And there is a heartwarming night

There is a night that please
Even by yourself
Those nights were not created

By past and future
Those nights were not created
By present moment or reality
Just because···

Without any reasons···
Happiness without any reasons···
There is a wonderful night

Where a night
Holds my heart fast
And put smile on my face
With of north pole the white mountain

마당이 있는 집

작은 집 하나
내게 있다면

마당에
꽃과 나무
한아름 심어놓고

가운데 앉아

해와 달
바람과 함께
날마다
차 한 잔 하고싶다.

A House With A Lawn

If I had a small house
For myself

I want to plant flowers and a tree
And sit on the center of lawn

To have a teas with
Sun, moon, and a breeze

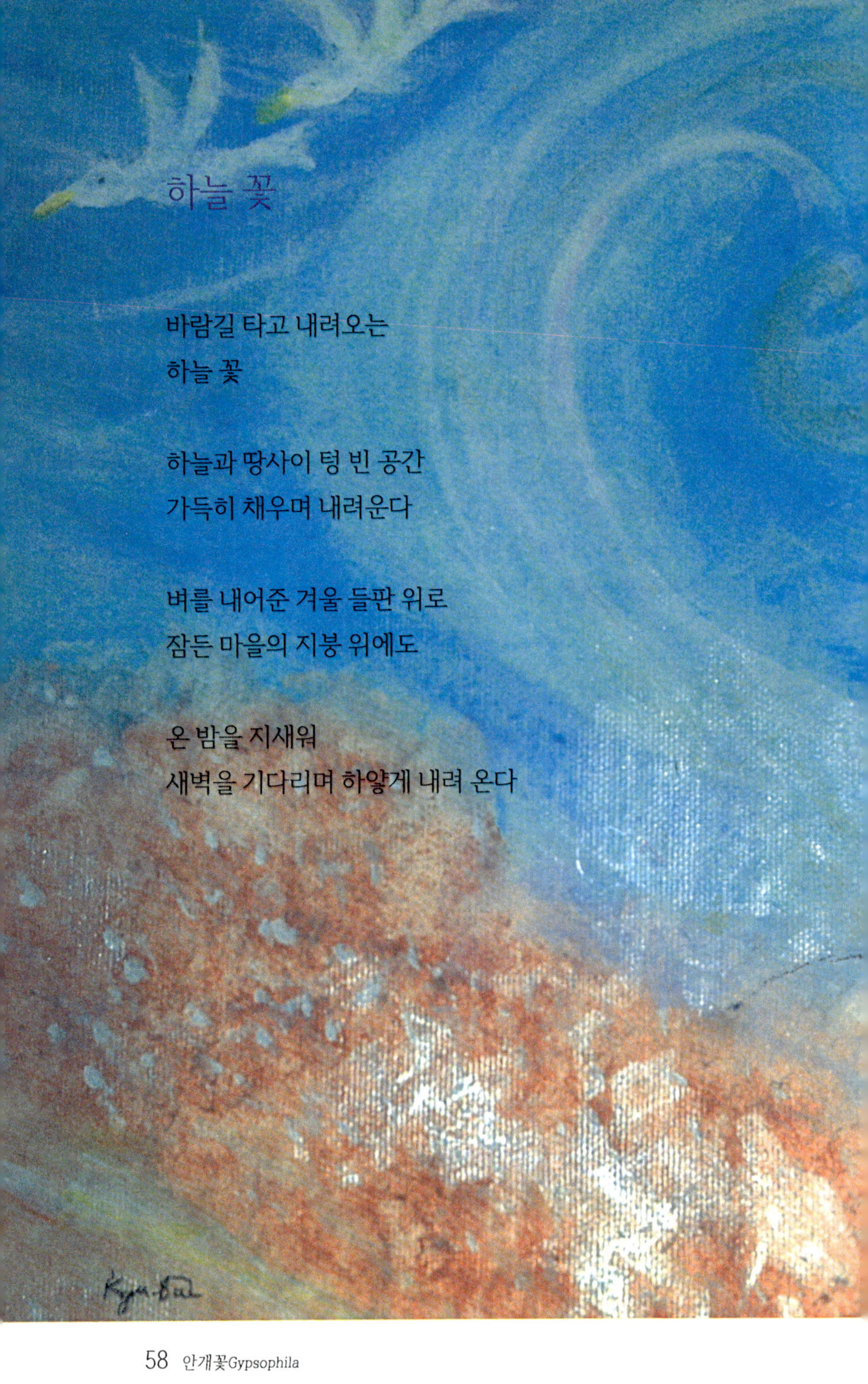

하늘 꽃

바람길 타고 내려오는
하늘 꽃

하늘과 땅사이 텅 빈 공간
가득히 채우며 내려운다

벼를 내어준 겨울 들판 위로
잠든 마을의 지붕 위에도

온 밤을 지새워
새벽을 기다리며 하얗게 내려 온다

Night With Snowfall

A flower coming from the sky
With a escort from a wind

It comes down by fulfilling
Emptiness in between sky and earth

It snows sleeplessly with great whiteness
Until the dawn…

절망이란?

절망이란
마음을 오도 가도 못하게 옭아매서
칠흑 같은 어둠 속으로 밀어 넣으며
한없는 낭떠러지로 떨어뜨리는 것이다

절망이란
정신을 마비시켜
눈물 없는 눈물을 한없이 쏟아내게 하며
가슴이 답답해 숨을 쉴 수 없게 하는 것이다

하지만
절망이란
겸손히 돌아보게 하여
무에서 새로운 유를
꿈꾸게 하며
처음부터 다시 시작하게 한다

절망이란
별과 달이 새롭게 보여지게
되는 것이며
나를 나답게 만들어 주고
겸허하게 해 준다

Despair

Despair is···
Framing a heart to suspend any emotions···
To push to great darkness
Where there is no end···

Despair is···
Paralyzing a mentality
Makes cry without a tears and
Makes a heart heavy to harder to breath···

However···
Despair makes you humble
And explores the past
Helps to dream from something out of nothing···
It resets to the beginning···

Despair helps
To see stars and moon differently
Molds me to who I am
And makes me more humble···

Ⅲ. 숲 속의 작은 꽃

Small Flower in Forest

숲속에서

아름다운 가을빛
아침향기 속
바람과 햇살노니는 숲속을 걸어보았는가

그곳에 가면 수만 마디 언어는 사라지고
새들의 지저귐과 흐르는 물소리
바람이 들려주는 여러 소리들이
큰 말씀 되어 마음을 적신다

언제나 안길 수 있는 넉넉한 모습으로
빛을 기다리고 있다.

In The Forest

Beautiful lights from autumn…
Inside from morning scent
Did you walk in the forest under the breeze and sunlights..

Sounds of birds and waters…
And many sounds created from winds…
Would exchange human languages…
That would become a speechless speech

That would warm a heart…
Waiting a light without any hesitation…

모든 것들 아래에만 있다

우리가 밟고 선 땅
언제나
모든 것들 아래에만 있다

생명있는 것들이 내놓은 배설물
말없이 받아들이며,

또한, 사계절이 토해내는
비와 따가운 햇살
가랑잎, 차가운 눈까지도
땅은 말없이 받아드리며

새로운 씨앗을
조용히 그 뱃속에서 키워 나간다
살아가게 하는 힘을 준다

우리들의 어버이
살과 뼈가 녹아 있는 땅

그러기에 땅은, 우리에게
조용히 큰사랑을 전해주나 보다

Everything Lies Underneath

Everything lies underneath
On the earth we always step on···

Earth took wastes from moving things
Without any questions···

Earth accepted
All four seasons rains, bright sunlights,
Leaves, and freezing snow···.

Earth holds new seed
Inside of its womb
To provide strengths to survive···

It is our Parent...
The earth absorbed fleshes and bones···
Therefore, the earth is a
Ultimate love and giving it to us unconditionally···

고독

하나의 인간임을 알게 하는 것

타인과 내가
다름을 인정하고
나 자신을
더욱 자신답게 하는 것

캄캄한
어둠 속에서
더욱 빛을 발하는

그 빛으로 인해
또 다른 빛을
찾아 헤매는

무엇이든 닿고 싶고
닿으면
빛으로 변화시키고 싶은
하나의 불꽃

Loneliness

To help to realize a human···

Accepting a difference between
Others and me···
And molding myself
To be myself

It shines
In the darkest of dark
Searching for a new light
With the light in the darkness..

A light that
Wants to lie and touch anythings
When it has touched
It wants to
Change it to a light from darkness

소낙비

고놈의 작은 빗줄기가
세상을 향해 내리꽂는다
예고도 없이
어찌 그리 급하게
머리를 박아대는지
혼비백산
나뭇잎도 놀래 팔락거리고
사람들도 이리저리 뛴다
끝
언제 그랬냐는 듯
금세
평온히 다시 찾아온다.

Shower

One thin small rain
Came to earth
Without a notice…
It drops urgently and hard;
The world was surprised and confused…
Tree leaves started to flag…
People were running away
-End-
A peace arrived
Like when it was happened

찻잔 속으로

달빛 젖는 깊은 밤
낙엽 굴리는 바람 소리에
귀 기울이며
차를 달인다

온갖 시름 녹여가며
잔잔히 만들어낸
차 한 잔

마음을 적시며
내게로 다가와
벗이 된다

Inside Of Tea Cup

A night with moonshine
Brewing a tea
With a sound of wind
That moves fallen leaves

A tea was made by
Processing stresses
That was received

It came to me
And melted to my heart
To changed to a pleasure

풀벌레 소리

풀벌레 소리가 들려온다

그 옛날
시냇가에서 물장구칠 때 듣던 소리
대청에 앉아

별똥별 떨어지는 밤하늘 바라보면
배경음악처럼 잔잔히 들리던 소리

메뚜기,
개구리 잡으려 소리 죽이면
더 크게 울어대던 소리

언제부턴가
자동차 소음과
기계음 소리가
익숙하게 들려오는데

오늘은
어디선가 또다시
정겨운 풀벌레 소리가 들려온다

Sounds Of Insects

Sounds of insects came to my ear···

A sound that was heard
When I played in the spring···
In the past

When I sat on the wooden floor,
It acted as a background sound...
While I was witnessing a shooting star from night sky···

Sounds were becoming louder...
When I silenced myself to catch grasshopper and frogs···

All of the sudden···
Sounds of cars
Sounds of machine
Became normal to me···

Yet today···

Somewhere, I hear

Familiar sounds of insects···

구름처럼

구름처럼
내 마음을
비울 수 있다면
모조리 비울 수 있다면

바람 부는 날에는
바람 부는 쪽으로,
높은 산은 돌아서
바위는 감싸 안고

거친 바다쯤 내려다보며
질풍 같이 질러도 보고

언제나 내 모습을 잃지 않고
때로는 멈추기도 하며
나를 비워 내어

넘어짐도 멈춤도
아픈 상처도 없이

그렇게
구름처럼 있는 듯 없고만 싶어라.

Like A Cloud…

Like a cloud…
I want to empty my heart…
If I can totally empty it…

When wind blows…
Where wind blows…
It turns around the high mountain…
And cover the rock…

Looking down rough current in the sea….
I cry swiftly…

I always attempt to hold myself
By stopping
And empty myself…

Without any
Fall and scars in my heart…

I want to become a
Cloud that present but presentness…

바람은 계속해서 분다

머물지 않는 게 오늘임을 알기에
바람은 계속해서 분다

그림자도 없이 흔적만 남기며
끊임없이 벌판 위를 불고 있다

느낌으로 다가와 황홀한 음악으로
버드나뭇잎을 스쳐 가기도 하고
햇살 속 꽃잎을 스치며 향기로운 내음 풀어내기도 한다

저 멀리 바다 끝 수평선까지 달려가기도 하고
아무도 오지 않는 숲 속에서 울부짖기도 하며

외로운 섬에 혼자서도 바람은 분다
빛을 기다리고 있다

Wind Would Continue To Blow

Today is not a day to stay still
Wind would continue to blow

Leaving a trace without a shadow…
It blows on top of the field restlessly…

Gelling became a grandiose music …
By passing willow leaves…
And became a beautiful scents
By passing flowers under the sunlights…

Wind would blow to the horizon of the end of the sea…
It also howls at the forest that no one visits…

It also blows in
A lone island…

It was waiting for a light…

빗소리

비가 오고있다
묻혔던 시간의 지층 두드리며
어릴 적 처마 밑에 비가온다

비가 닿는 곳의
모든 사물을 바라보게도 한다
꽃잎에도 떨어지며 얼굴을 씻어주고
풀잎사이에도 떨어져 내린다

비가 오고있다
비는 따스한 커피를 만든다
따스한 커피와 함께
빗소리는
내 마음의 소리를 밖으로 향하게 하고
내 눈을 환하게 만들어 준다

비는 음악을 만든다
커피와 잘 어울리는 음악소리
세상의 분주함을
빗소리는 지워주고있다
세상의 고단함을 말갛게 씻어준다

비는 오고 있다
비가 오고 있다

The Sound Of Rain

It is raining···
Knocking the stratum of time that was buried···
It rains under the eaves···

It steals our attention to see all objects
That were touched by rain···
It drops on the flower leaves to clean···
And it also drops in between flowers···

It is raining···
Rain makes warm coffee···
With warm coffee..
Rain sound leads
Sound of my heart out
Make my sight brighter···

Rain makes music···
Music that goes with coffee
Rain eliminates
World's rush and
World's rigor···

It is raining···

Rain is coming

고향 생각

창 밖의 빗소리
귀 기울여 듣다 보니

소리 하나하나에
추억이 담겨 있어
고향 생각 절로 나니

고향아!
내 앞에 와 있니?

창문 열면
내 가슴
저려온다

Memory Of Home

Sound of rain from outside of window
By listening it carefully···

There is memory of home
Started to reflect
By sound of each rain drop

My home!
Are you in front of me?

By opening a window from over sea
My started to
Filled with blues···

IV. 물결 위 홀로 떠

On Stream Floating Alone

마음의 행로

다시 선
그 자리
나는 어디에

푸른 빛
시냇물에
내 마음
실었는데

구름 되어
떠돌다
다시 선
그 자리

나는 보이지 않고
시간의 운명인가
돌이킬 수 없는
나를 찾아

그 자리
맴돌다

Circling

A same place
Where I stopped before…
Where am I?

Light blue stream…
Where I loaded my mind…

Travelled after
It became a cloud…
To a same place
Where it began…

There was nowhere to find myself…
Is it a fate of time?
Finding myself that is irreversible

A place
That it circles

작은 아이가 누워있다

구름 흘러가고
물결 노니는
강가 집에는
작은 아이가 누워있다

닭 너울 너울 춤추는 곳
향기로운 바람 불어오는 집에
한번도 걸어보지 못한
작은 아이가 누워있다

세상은 온갖 음식들로 넘쳐나지만
한번도 입속에 넣어 본적 없고
다만 끈임 없이 입속에서 가래를 빼 주어야하는

하지만
소곤소곤 말을하고
종달종달 노래를 부르면
환한 얼굴에 조그마한 입술이 예뻐 보이는
작은 아이다

자동차는 끊임 없이 어디론가 달려가고
비행기 오르락 내리락 세상을 바쁘게 연결하는 곳
강가 작은 집에는
손가락 하나 움직이지 못하지만

할머니가 천사라 불러주는
작은 아이가
오늘도 누워있다

A Kid Who Laid Down

There is a kid who laid down
Right by a lake house
Where clouds floats
And where calm streams…

There is a kid who laid down
Who haven't walked….
Where rooster dance
Where attractive scent by breeze

There were variety of food in the world…
Yet there is a kind who haven't eaten those food.
But to help him to eliminate phlegm from his mouth…

However…
He whispers…
He hums..
A small kid who owes
Bright face with small lip...

A world that
Car never stops
Where planes arrives and departs….
A kid in a lake house
Could not even move a finger…

Nana who calls an angel…
A kid laid down today…

백지 위에

연필을 손에 쥐고
글씨를 써 보자
내 마음을 그려 넣자

연필이 춤을 추며
내 마음
백지 위

까만 그림 되었네

On A Blank Paper…

Hold a pencil
And start writing a word…
Lets draw my mind…

A pencil started to dance…
And my mind
Transformed to black drawing
On a black paper

작은 꽃잎들

물결 위
작은 꽃잎
홀로이 떠가네

도동실 춤추며
반대로만 떠가네

어디쯤 갔을까?
작은 꽃잎들
내 발 아래
그대로 떠 있네

A Small Petals

On lake stream···
A small petal
Was floating alone

It was dancing
And going to opposite end···

How far it went?
A small petals···
Still under my foot···
It remains···

남을 위해 살아주는 삶은 없습니다

집 모퉁이 작은 들꽃에게
미소를 짓는다면
그냥 들꽃이 아니라
내 눈에 의미로 남아
가슴에 담깁니다

길가에 나뒹구는 깨진 병 조각
쓰레기통에 넣는다면
내 마음 구석 깨진 상처 한 조각
치우는 것입니다

아픔 사람 마음 한번 쓰다듬어 주려
먼 길을 같이 걷는다면
걸어가는 그 길에는
내 마음에 사랑의 꽃을 피우는 시간입니다

That Life Is Not Lived For Others

If wild flowers
It is just not wild flowers···
It would be meaningful beyond eyes
And it would print to your heart

If broken glass spread on a street
And put broken one in a trash can
I am putting away one scar existed in my deep heart

If you are taking a journey with heart broken man to encourage
It was a time to blossom flower of love
On the road of the journey

장미

빨간 장미의 꽃말은
정열적 사랑이다

정열적인 사랑을 위해
가시가 필요했다

마음을 찔러
사랑을 내품기 위해
가시가 필요했다

Rose

Meaning of red rose;
Passionate love

Thorne was necessary
For Passionate love

To flood my love
Thorne was necessary
To spur my heart.

나의 방

돌아와 들어와
다정히 앉으면

반가운 불빛에
고향 같은 푸르른 내음새

고요해진 마음속
떠도는 구름 머물고

오늘도 조용히
푸르른 종이 위 걷나니

옹기종기 모여 앉은 다정한 물건들
가만히 숨죽여 내 곁을 지키고

팔 벌려 안아주는
하얗게 날갯짓하는
비둘기 같은 나의 방

My Chamber

Come on, come in
Take a seet lenderly

Intimate color of a flame
Sweet-smelling of home odor

My mind calm down
Then roaming clouds put up

Now I toddle on tipto
On the blue sheet of a paper

Ardent goods in a cluster
Keep still beside me

Hold in arm with a flap of white
Oh, my chamber like a dove.

가을 하늘

가을하늘 바라보자
호수처럼 맑은하늘
가슴에서 머리까지
시원하게 스며드는
높은하늘 바라보자

Autumn Sky

See the autumn sky
It is as bright as a lake···
From a chest to head···
See the autumn sky that
It refreshingly permeating

작은 섬

끝은 언제나 시작을 말했다

절망으로 떨어지며
망망한 바다
덮칠 듯이 덤벼드는 파도
앞을 향해 걸어가는 것이 두렵지만
그끝에 가면
다른 시작이 기다리고 있다

또다시 시작되는
새로운 파도

이젠
거친 파도 속 다정한 속삭임
들을 수 있다

A Juicy Island

The end alway means begining

In the depth of despair
Over boundless ocean
Waves break, break…
Rushing desperate Mad
Forward is dreading what happen
Nevertheless begining, a wait

Breaking waves
A new, fresh wave

From now on
Aspirate waves are murmur
I hear as a whisper

창

누구나 창을 통해 세상을 본다

말의 창
생각의 창

말과 생각이
세상을 바르게 보게도 하고
거꾸로 보게도 한다

하나님의 말과 생각은
세상을 바로 보게 한다

그리고
하나님 안에서 믿음과 꿈을 가져야 한다

비로소
하나님의 창이 된다

The Window Of Soul

Everyone see the world through their window
Window of words
Window of thought

Words, thoughts,
See the world correctly or incorrectly

Only through the almighty God
We can truly see the world correctly

Believe and trust in God
Faith and dream will follow

Finally, true soul from the gods gift!

■발문

이루고 싶은, 꿈 서린 시 세계

전 규 태

〈前 연세대 교수 · 문학평론가〉

우리들이 살고 있는 세계와 분간하기 힘든 세계가 따로 있다. 박인혜의 시 세계는 넓은 의미에서 실현하고 싶은 꿈이라든가 상상적인, 또는 추상성을 띈 아포리즘 같은 실험을 서로 다른 영역을 연맥시키려든다. 더 나아가 무의식의 자기 기술記述을 함으로써 조금은 담론적인 울타리를 쌓아 놓았다고 할까…. 영역시의 경우는 더욱 그러하고 자칫 산문으로 흐르기도 한다.

The gathering with
Good people…

It is like gentle wind would be
Introduced to a heart
And blooming

처럼 시라기 보다는 산문에 가깝다.

Unexpected
But a faney meeting…

Like a puff wind
Blow into a heart

Drive
Then bloom

A seed of flower

이렇게 다듬어 보았다. 자기 시의 번역을 경우에도 시적 기교는 요긴하다. 시는 잘못 옮기면 반역이라고 하지 않는다. 옮기는 경우 제2의 창작을 한다는 마음가짐이 필요하다.

이러한 시 세계는 '사물 그 자체의 세계'와 '상상'하며 메타포한 두 가지 세계로 나누어 볼 수도 있다. 전자前者는 마크 스티븐슨, 그리고 후자는 거투루드 스타일을 들 수 있다.

이런 시적 흐름을 회화에 비유해 본다면, 인상파 화가 모네외마네에 견주어 볼 수도 있다. 마네의 유화에 약간 '징크 화이트'로 엷게 빛깔을 덧칠한 듯도 한 그림이 모네의 작품이라고 내 나름대로 견주곤하는데, 그만큼 그들의 작품은

장시적이고 인상적이고 초허구적인데가 있다.

내 나름대로 번역시를 다듬고 그 시적 분위기를 보완하기 위해 그린 내 그림의 경우, 독자들이 어떻게 받아들일지 궁금하다.

하나의 사물이나 이야기에 대하여 우리가 느끼는 일종의 흥분된 감정이나 심적 상태가 바로 내용이 되고, 모태가 되는 것이 시의 정신이다.

또한
날마다
다르게 창조되는
새벽 하늘의 아름다움을 보신적이 있나요?

-<하늘을 바라보는 행복이 있습니다>에서

라고 박 시인은 스스로에게 반문하며 신앙적인 고향을 동경한다. 또한 그녀는 해외에 살고 있어 고국의 향리에 대한 그리움도 각별하다.

소리 하나 하나에
추억이 담겨 있어

고향아!

내 앞에 와 있니?

-<고향 생각>에서

박 시인은 사실의 풍광이나 전달보다는 여기서 받게 되는 느낌을 고즈넉이 펴내어 감정의 진실이 나름대로 담겨져 있다.

시가 감정이나 감동을 언어로써 표출한 것임은 췌언할 나위도 없는 것인데, 언어에는 크게 두 가지 기능이 있다.

그 하나는 말이 지닌 뜻을 통하여 사물을 형상화하는 구실을 하고, 다른 하나는 말의 소리나 음향으로부터 생기는 운률을 통하여 우리의 질서를 표현하는 구실을 한다.

이 시집에 수록된 많은 작품들은 자칫 잠언적인 표현으로 흐른 흠이 없지는 않으나, 이는 신앙시가 갖기 쉬운 흠일 수도 있다. 하지만 그녀는 이를 잘 체화體化해서 시의 경지로 끌어 올려 놓았다.

조급하지 말고 묵은 술처럼 익어가는 그런 시인이 되기를 스승으로서 감히 권하고 싶다. 대역하며 감상하면 영시 번역의 묘妙도 터득하리라 믿는다. 감히 일독을 권한다.

한뫼 전 규 태

박인혜 시집

안개꽃Gypsophila

인쇄 2016년 8월 25일
발행 2015년 8월 29일

지은이 박인혜
그림 전규태
발행인 서정환
펴낸곳 신아출판사
주소 서울시 종로구 삼일대로 32길
(익선동 30-6운현신화타워빌딩) 305호
전화 (02) 3675-3885 (063) 275-4000
팩스 (063) 274-3131
이메일 shina2347@naver.com sina321@hanmail.net
출판등록 제465-1984-000004호
인쇄 · 제본 신아출판사

ISBN 979-11-5605-354-5 03810
값 15,000원

이 도서의 국립중앙도서관 출판시도서목록(CIP)은 서지정보유통지원시스템 홈페이지(http://seoji.nl.go.kr)와 국가자료공동목록시스템(http://www.nl.go.kr/kolisnet)에서 이용하실 수 있습니다.(CIP제어번호: CIP2016019793)

Printed in KOREA